Anonymous

Time is Money

1 Band

Anonymous

Time is Money
1 Band

ISBN/EAN: 9783744653800

Hergestellt in Europa, USA, Kanada, Australien, Japan

Cover: Foto ©ninafisch / pixelio.de

Weitere Bücher finden Sie auf **www.hansebooks.com**

TIME IS MONEY!

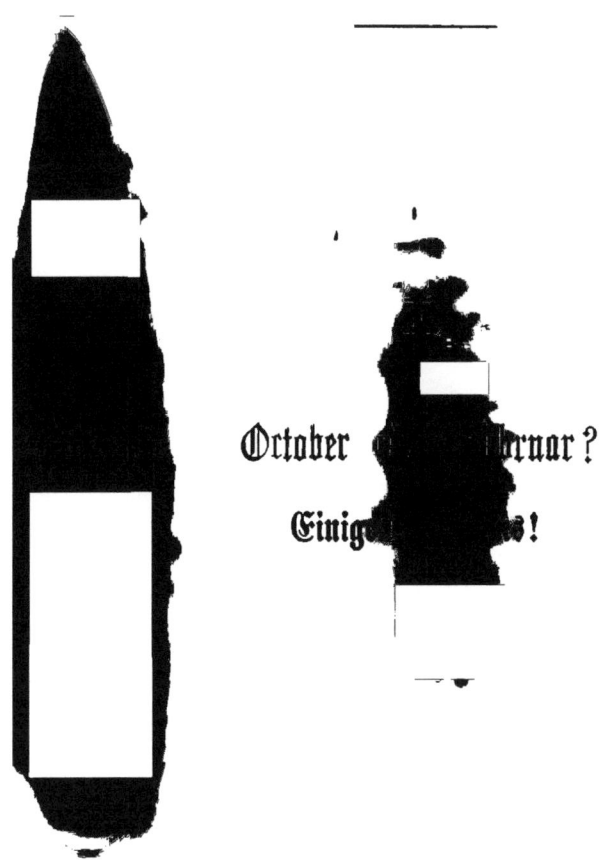

October ⬛⬛⬛⬛ rnar?

Einig⬛⬛⬛⬛ e!

Prag, Ende August 1862.

Verlag von F. Tempsky.

I.

Wenn es heißt, daß die Menschheit den Weg zu ihrem Ziele nicht gerade sondern in Windungen gehe, daß Vor- und Rückschritte mit einander abwechseln, daß auf Zeitpunkte der Sonnennähe wieder solche der Sonnenferne folgen und umgekehrt, so läßt sich dasselbe von dem Entwickelungsgange unseres Verfassungslebens seit 1848 sagen; möge sich dabei auch das andere bewahrheiten, was ein großer Mann von der Geschichte der Menschheit ausgesprochen hat: daß sie niemals zurückfalle, als um dann desto entschiedener vorwärts zu treiben — les lumières ne retrogradent jamais que pour mieux avancer!

Nach den Erfahrungen, die wir seit dem Zusammensturz des vormärzlichen Systems machen mußten und an deren Ende wir noch nicht angelangt sind, dürfen wir uns über Frankreich und dessen kurzlebige Constitutionen nicht mehr aufhalten. Denn hat dieses in einem Zeitraum von siebenzig Jahren seine Verfassung dreizehnmal gewechselt, so haben wir in der kurzen Frist von kaum vierzehn Jahren genau gezählt nicht weniger als fünf solche Aenderungen erfahren: die Verfassung vom 25. April 1848, die aufgehobene Verfassung vom 25. April 1848, der constituirende Reichstag die Grundrechte und der Verfassungsentwurf von Kremsier — die Verfassung vom 4. März 1849 — die

1*

4

aufgehobene Verfaſſung vom 4. März 1849, die kaiſerlichen Handſchreiben und Patente vom Auguſt und December 1851 — das Diplom und die a. h. Handſchreiben vom 20. Octo= ber 1860.

„Nun“, hören wir vielſtimmig uns einwenden, „und die ſech s te Aenderung: die Verfaſſung vom 26. Februar 1861?“

„„Mit nichten iſt das Patent vom 26. Februar als eine neue Phaſe in unſerem Verfaſſungsleben zu betrachten““, ſo lautet von entgegengeſetzter Seite der Ruf; „„denn daſſelbe iſt nichts anderes als die Ausführung des Diploms vom 20. October 1860; muß dieſes als der Ausgangspunkt un= ſerer jüngſten politiſchen Entwickelung gelten, ſo bildet jenes die einzige und alleinige Grundlage deſſelben.““

Die Verſchiedenheit dieſer Anſchauung hat wiederholte und heftige Stürme in unſerem Parlamente herbeigeführt, hat principiellen Widerſtreit in unſerer Publiciſtik und Jour= naliſtik hervorgerufen; hat ſogar den Altar und die Kanzel, biſchöfliche Hirtenbriefe und kirchliche Feierlichkeiten in den Meinungszwieſpalt hineingezogen, hat endlich Preßproceſſe und Strafurtheile vor den Schranken unſerer Gerichtshöfe zur Folge gehabt, und es gewinnt den Anſchein, als ob der Streit darüber zwar durch den conſequenten Ernſt der Regie= rung zum Stillſtand, aber bei der fortdauernden innern Er= regtheit der Gemüther keineswegs zum Ausgleich gebracht worden ſei.

Es iſt Thatſache, daß das a. h. Patent vom 26. Fe= bruar 1861, wovon ſich jedermann aus deſſen Eingangs= worten überzeugen kann, ſich ſelbſt als Ausführung des Di= ploms vom 20. October 1860 kundgibt, folglich in Verbin= dung und im Zuſammenhang mit demſelben in die Erſchei= nung trat. Was konnte nun darauf führen, dieſen Zuſam= menhang, dieſe Verbindung in Frage zu ſtellen? es in

Zweifel zu ziehen, ob das Februarpatent in der That die Ausführung des Octoberdiploms sei?

Es meinen und behaupten Viele, daß nicht bloß einzelne Bestimmungen des Februarpatentes, sondern daß nicht weniger als die ganze Grundlage und Hinausgabe desselben mit den im Octoberdiplom verheißenen, als „beständig und unwiderruflich" verbürgten und für alle Nachfolger auf dem Kaiserthrone Oesterreichs verbindlich erklärten Grundsätzen im Widerspruche stehen. Es sind dagegen Andere da, die mit nicht geringerer Entschiedenheit jener Meinung und Behauptung in den Weg treten, sie für unbegründet, für leichtfertig erklären, den Beweis des Gegentheils anzutreten sich erbieten. Wir wollen uns auf die Gründe, die von der einen wie von der andern Seite vorgebracht werden, nicht weiter einlassen. Wo man nicht in die unausweichliche Nothwendigkeit versetzt ist, sich in die Austragung eines Wortgefechtes zu mischen, da wird man am klügsten thun, sich davon ferne zu halten. Wir sind glücklicherweise jener Nothwendigkeit enthoben. Denn was man auch in dieser Hinsicht hier wie dort vorbringen mag, so ist das genau besehen nur Nebensache. Die Wurzel liegt tiefer. Man würde nicht dahin gekommen sein, Widersprüche zwischen dem Februarpatent und dem Octoberdiplom aufzu finden, wenn man nicht von wo anders her den Antrieb gehabt hätte, sie aufzu suchen.

Nachdem die Ministerialverfügung vom 8. August 1859 in Betreff der Sprachenfrage zunächst in Ungarn den lang verhaltenen linguistischen Groll zum Ausbruch gebracht und schnell darauf in Kroatien, in Galizien, in Böhmen die Bestrebungen der Nationalen aus dem Zustande gewaltsamer und ungerechter Bedrückung in das andere Extrem ungemessenster Forderungen umzuschlagen angefangen; nachdem das kaiserliche Manifest vom 15. Juli 1859 desto unbegränztere Erwartungen angeregt hatte, je unbestimmter die darin mehr angedeuteten als ausgesprochenen Verheißungen lauteten;

nachdem im Schoße des vom 31. Mai bis 28. September
1860 tagenden verstärkten Reichsrathes eine tendenziöse Ver=
kennung und Misdeutung alles dessen, was in dem Verlaufe
von zehn Jahren für die Herstellung von Rechtspflege und
Sicherheit, für die Belebung des Verkehrs und Förderung
des Wohlstandes, für die Verbreitung von Volksbildung,
für die Hebung von Kunst und Wissenschaft unläugbar, und
namentlich in den Ländern der ungarischen Krone mit ganz
entschiedenem Erfolge geschehen war, und eine einseitige Her=
vorkehrung und Uibertreibung der mannigfachen Schattenseiten,
Fehlgriffe, Versündigungen, die leider eben so unläugbar mit
jenen Guttthaten Hand in Hand gingen, das große Wort ge=
führt hatten: zerrissen das Diplom und die a. h. Handschrei=
ben vom 20. October 1860 die Bande, die den stolzen
Bau gemeinsamer und gleichförmiger Verwaltung bis dahin
zusammengehalten hatten, und gewährten, indem sie die neue
Ordnung der Dinge nicht in das einzelne ausführten, son=
dern nur in allgemeinen Umrissen zeichneten, allen Ideen und
Plänen, allen Wünschen und Bestrebungen, die sich seit dem
März 1849 unter dem Joche eines je länger je straffer zu=
sammengezogenen Centralregiments hatten beugen müssen, mit
einemmale den ungehindertsten Spielraum. Keine Centrali=
sation, sondern historisch=politische Individualitäten; keine
Bureaukratie, sondern Selbstbestimmung in Gesetzgebung und
Verwaltung der einzelnen Königreiche und Länder, der auf=
steigenden Gliederungen der Gemeinde; kein constitutionell
nivellirender und majorisirender Reichstag mit einer die Ge=
walt des Monarchen preißgebenden Ministerverantwortlichkeit,
sondern eine mäßige Versammlung der von den Landtagen
zu entsendenden, zur Schlichtung der wenigen gemeinsamen
Reichsangelegenheiten alljährlich mitwirkenden Reichsräthe:
dies waren die allgemeinen Formeln, worin alle jene ihr
Erkennungszeichen fanden, die einzig in dem völligen Bruch
mit der jüngsten, in dem möglichsten Wiederanknüpfen an

die frühere Vergangenheit das Heil der neu aufzubauenden Monarchie erblickten. Sie gebrauchten dabei die Ausdrücke, die sie aus den Verhandlungen des verstärkten Reichsrathes gelernt hatten; sie gaben dem Octoberdiplom und dem am gleichen Tage an den Grafen Rechberg gerichteten Hand= schreiben eine solche Auffassung und Auslegung, wie sie sich für ihre Zielpunkte am besten schickten; sie überboten sich in der Herabsetzung der annoch zu Recht bestehenden Verwal= tungszustände, deren baldiges Ende sie mit triumphirender Miene verkündeten. Centralisation und Bureaukratie wurden Wechselbegriffe. Jeder geringste Beamte wurde zum Bureau= kraten gestempelt, jeder Fehlgriff oder Uebergriff, jede Ver= schleppung einer Angelegenheit, die sich in irgend einem Winkel des ausgedehnten vielgliedrigen Getriebes aufstöbern ließ, zu einem Beweis gegen das herrschende System, zu einer Waffe gegen die Centralisation benützt. Schon 1850 hatte die oppositionelle Publicistik den in mehr als einer Hinsicht bedenklichen Ausdruck „Föderation" „Föderativ= system" fallen gelassen und den auch sachlich bezeichnenderen Ausdruck „Decentralisation" — wenn wir nicht irren, zuerst Baron Andrian in seiner bekannten (anonymen) Schrift — in Schwung gebracht. Allein nun schien es, als ob alle da= maligen Streitigkeiten von neuem aufgenommen werden sollten; als ob sich eine große Partei nicht weiter mit der Formel: „Politische Centralisation, administrative Decentralisation" begnügen wollte; als ob Manche von dieser Partei selbst mit jenen Vorkämpfern des Feudalstaates gemeinsame Sache machten, die zu Anfang der fünfziger Jahre nichts geringeres als eine Wiedereinführung der Patrimonialjustiz und anderer solcher „naturwüchsiger, kräftiger und lebensfähiger Institute" anstrebten, um das jetzt lebende Geschlecht mit einem Stück selbstbewußten Mittelalters zu beglücken. Man forschte nach dem „historischen Bestand, an welchen nach dem Willen des Kaisers wieder anzuknüpfen ist." Man vertiefte sich in das

Studium der alten Landesverfassungen, der früher bestande=
nen ständischen Einrichtungen der einzelnen, „historisch=poli=
tischen Individualitäten", die nun wieder, wie man sich nach
dem Inhalte des Diploms befugt glaubte zu meinen, etwa
mit einigen zeitgemäßen Aenderungen zur Geltung kommen
müßten. Man blickte auf Ungarn, Siebenbürgen und Kroa=
tien, wo alles, was seit 1850 dem Lande und Volke „auf=
gedrungen" worden, so zu sagen im Handumdrehen nieder=
gerissen wurde, und hielt sich die dortigen in Folge dessen
erwachsenen Zustände blühendster Anarchie, das rohe Jura=
tenthum, die allen Begriffen von Recht und Ordnung Hohn
sprechende Comitatswirthschaft, den ganzen von der freien
Entwickelung des Jahres 1848 selbst über Bord geworfenen
Apparat der verrosteten „tausendjährnden" Verfassung nicht
etwa als abschreckendes Beispiel vor Augen, sondern schrieb
diese „unwesentlichen" Auswüchse einzig und allein einer nicht
mit der gehörigen Umsicht eingeleiteten Handhabung des in
seinem Wesen unanfechtbaren Principes zur Last.

In dieser Zeit nun, wo die Stimmen der Andersmei=
nenden fast nur Klagetöne über das, was unwiderbringlich
verloren, und Kassandrarufe über das, was unausweichlich
zu erwarten, vernehmen ließen, erschien das kaiserliche Patent
vom 26. Februar 1861, das, wie es selbst kund und zu
wissen gab, die in dem Octoberdiplom ausgesprochenen Prin=
cipien in „einer bestimmten Ordnung und Form" zum Ab=
schluße brachte. Kaum zwei Monate darauf traten die beiden
Häuser des Reichsrathes zusammen, dessen Mitgliederzahl
nicht, wie das a. h. Handschreiben vom 20. October 1860
an den Grafen Rechberg in Aussicht gestellt hatte, insge=
sammt auf hundert, sondern im Abgeordnetenhause allein auf
dreihundert drei und vierzig Köpfe erhöht war. Der consti=
tutionelle Grundsatz der Ministerverantwortlichkeit, frühzeitig
von der Kammer=Majorität betont, von den Räthen der

Krone nicht abgelehnt, wurde durch kaiserliche Gewährung zur Anerkennung gebracht.

Das Erscheinen des Februarpatentes änderte mit einem Schlage die Situation. Die großen politischen Parteien wechselten ihre Rollen. Die früheren Heuler wurden jetzt Frohlocker, aus den vorerst Vergnügten wurden nun Mißvergnügte. Diese Letzteren begannen sofort einen verwegenen Kampf gegen die Februarverfassung zu führen, gegen „diesen wohlconstruirten Apparat zur Förderung der Centralisation"; sie richteten den erbittertsten Eifer ihres Angriffes gegen den Constitutionalismus, der offen seine Banner entfaltete; ja sie gingen in ihrer Heftigkeit so weit, den Rechtsbestand des neuen kaiserlichen Patentes in Frage zu stellen, indem sie die Punkte hervorhoben, in denen die Bestimmungen desselben mit den Grundlagen des Octoberdiploms, das sie auch nach der ausdrücklichen Erklärung des allerhöchsten Gesetzgebers in i h r e r Weise aufzufassen und auszulegen fortfuhren, nicht zusammenstimmten. „Ist das," fragten sie, „jene V e r - e i n b a r u n g mit den Rechtsansprüchen und dem Rechtsbe- wußtsein der Königreiche und Länder, durch welche das Octoberdiplom die Gesammtverfassung, nach der wir von ganzem ¦Herzen verlangen, herbeizuführen verhieß? Ist bei dieser Scheidung der Reichsvertretung in zwei Häuser, bei der großen Zahl der Mitglieder des Abgeordnetenhauses, bei den Fesseln, die den Landtagen bezüglich der Wahl dieser Mitglieder angelegt sind, bei der Bildung eines Oberhauses, das zu den Landtagen in gar keiner organischen Verbindung steht, jener Charakter des Reichsrathes gewahrt, den er nach dem Diplome haben sollte? Nein, nein, und abermals nein! Das Februarpatent hat die im Diplome festgesetzten Gränzen zwischen der Reichs= und Ländergewalt wesentlich verrückt, wie auch die durch selbes anerkannten Verschiedenheiten und historischen Rechte der einzelnen Königreiche und Länder durch Erlaß uniformer und doch nicht allen Volksstämmen gleich=

gerechter Landesordnungen außer Acht gelassen; es hat endlich die Intentionen Sr. Majestät verkannt, indem es an
die Stelle des ursprünglich statuirten Reichsrathes als gemeinsamen Gesammtorganes der autonom erklärten Länder
einen complicirten legislativen Centralkörper stellte. Darum
können wir nimmermehr in der Februarverfassung eine Durchführung der Grundsätze des Octoberdiploms erblicken. Das
Heil Oesterreichs erheischt es gebieterisch, daß dieses Patent
in jenen Punkten reformirt werde, wo es von den Principien des Diploms, seiner ausgesprochenen Grundlage, wesentlich abgewichen ist."

Daß die Februarverfassung unter den Auspicien der
Centralisation und des Constitutionalismus in das Leben
trat, ist eine nicht zu läugnende Thatsache.

Der Leitartikel, womit die „Wiener Zeitung" vom 27. Febr.
1861 die neu erschienenen Grundgesetze erläuternd vorführte,
enthielt in Betreff der Centralisation folgende Stelle: „Es
war unerläßlich, in Bezug auf die Competenz-Bestimmungen
für die legislativen Körper von den Grundsätzen des Diploms nicht abzuweichen, und zwar ebensowohl aus dem
Grunde, um die Bahn der zu so vielen begründeten und
nicht begründeten Anständen im letzten Jahrzehent Anlaß bie-
tenden Hypercentralisation entschieden zu verlassen, als auch
aus dem unleugbar wichtigen Grunde, daß selbst der Schatten
eines Verdachtes vermieden werden muß, als beabsichtige die
Regierung, die den Ländern der ungarischen Krone am 20.
October 1860 gewährten Zugeständnisse in ihrer Wesenheit
zu beeinträchtigen. Hieraus fließt, daß und warum die gewiß wohlgemeinten, aber auf dem gegebenen Standpunkte
unausführbaren frommen Wünsche der Centralisations-Freunde
nicht berücksichtigt werden konnten, sondern die Competenz
der Gesammt-Reichsvertretung auf jene Gegenstände beschränkt

werden mußte, welche sich auf die Gesammtmonarchie bezie=
hen, Gesammt=Interessen betreffen." Diese Worte, die auf
den ersten Anblick gegen das Princip der Centralisation ge=
richtet schienen, verwahrten sich im Grunde nur gegen die
Uebelstände einer „Hyper=Centralisation", drückten aber zu=
gleich nicht undeutlich das Bedauern aus, daß man selbst
mit einer jene Uebelstände vermeidenden Centralisation auf
dem nun einmal gegebenen Standpunkte nur in beschränkter
Weise werde vorgehen können.

Was den Constitutionalismus betrifft, so wurde derselbe
in dem bezogenen Artikel ganz unumwunden als Grund=
lage und Ziel der Februarverfassung hingestellt. „Vor allem
wichtig ist in dieser Beziehung, daß im Grundgesetze präcis
ausgesprochen ist, daß Reichssteuern und Reichsgesetze durch
die förmliche Zustimmung des legislativen Körpers bedingt
sind, worin eben der Cardinalpunkt des Constitutionalismus
liegt. Die hienach dem österreichischen Reichsrathe zustehende
Feststellung des Reichsbudgets, Bewilligung von neuen
Steuern und neuen Anlehen, die vollständige Controle des
Staatshaushaltes mit Inbegriff der Staatsschuld, die Oeffent=
lichkeit der Verhandlungen und die Initiative gibt ihr den
vollen Charakter einer constitutionellen Einrichtung." Nach=
dem sodann die verfassungsmäßigen Freiheiten aufgezählt
wurden, deren Besitz den Staatsbürgern schon durch frühere
Gesetze verbürgt sei, hieß es: „Andere sogenannte Grund=
rechte werden Gegenstand der legislativen Thätigkeit der
Vertretungskörper sein und aus der verfassungsmäßigen Be=
rathung der Vertretungen hervorgehen." Noch ungebundener
als das officielle Blatt brachen die centralistischen Journale
der Hauptstadt in den Jubel aus, daß man nun endlich „Bo=
den unter den Füßen" habe „und zwar constitutionellen Bo=
den", und daß „der constitutionelle Grundgedanke, die Thei=
lung der gesetzgebenden Gewalt zwischen Krone und Volk",
verwirklicht sei. „Oesterreich ist in die Reihe der constitu=

tionellen Staaten eingetreten, und das ist der Hauptpunkt."
„Es liegt an den Oesterreichern, daß die Februargesetze sich
zu einer nimmermehr widerruflichen Constitution entwickeln."
Es ist hier nicht der Ort, sich in eine Zergliederung des
constitutionellen Gedankens einzulassen; in Betreff der Cen=
tralisation wird sich später ausreichende Gelegenheit ergeben,
den Werth oder Unwerth ihrer Consequenzen zu prüfen, und
wir verwahren uns ausdrücklich dagegen, wenn jemand aus
dem, was wir sogleich auszuführen gedenken, auf eine Ver=
theidigung des ersteren, auf eine Verherrlichung der letzteren
unsererseits schließen wollte. Denn worauf es uns hier an=
kommt, ist einzig die Frage zu beantworten, ob die Verthei=
digung jener beiden Principe und deren Anwendung auf
Oesterreich nicht eine gewisse Berechtigung für sich in An=
spruch zu nehmen habe, oder ob etwa diese Richtung, wie ihre
Gegner wollen, von vorn herein eine unlautere, aus frivolen
oder wohl gar subversiven Motiven entspringende, auf das
Unheil, den Ruin der Monarchie abzielende sei. Denn wenn
wir die Widersacher der Februarverfassung vernehmen, so be=
finden sich die Grundsätze der Centralisation und des Con=
stitutionalismus mit den Grundbedingungen nicht bloß einer
gedeihlichen Entwickelung, sondern selbst des gesicherten Be=
standes unseres in so eigenthümlicher Weise construirten
Großstaates in unversöhnlichem Widerstreit und arbeiten die
Verfechter jener beiden für Oesterreich heillosen Principe ge=
radezu, sei es bewußt, sei es unbewußt, auf dessen Verder=
ben los.

Jede ehrliche innige Ueberzeugung bringt es mit sich,
daß sie der Träger derselben für die allein richtige und heil-
same hält; sonst wäre sie eben nicht Ueberzeugung, nicht
redliche innige Ueberzeugung. Aber es sollte niemand ver=
gessen, daß seiner Ansicht die Meinung Anderer gegenüber
steht. Es sollte nach dem juridischen Grundsatz „Quilibet
praesumitur bonus donec probetur malus" niemand ohne

triftige Beweise daran zweifeln, daß, wie die seinige, eben auch die Ueberzeugung des Gegners eine ehrliche und innige sei. Es sollte jeder die Gemeinsamkeit unserer gebrechlichen und fehlbaren Natur bedenken und es sich unverrückt vorhalten, daß wie er selbst die Ueberzeugung des Gegners, wenn auch ehrlich und innig, für eine verfehlte erkläre, dieß ja eben so gut mit seiner eigenen ehrlichen und innigen Ueberzeugung der Fall sein könne. Es verräth, so däucht uns, einen bedeutenden Grad politischer Unreife und Ueberstürzung, gegentheilige politische Ansichten und Absichten einer verwerflichen Willensrichtung anstatt einer abweichenden Gedankenrichtung zuzuschreiben und die eigenen Meinungsgenossen, gleich dem Richter am jüngsten Tage, als die „Gutgesinnten" auf die rechte Seite zu stellen, die „übelgesinnten" Andersmeinenden dagegen zu den Böcken zu verweisen und durch den Racheteufel zur Hölle jagen zu lassen. Wir verabscheuen es, wenn wir sehen, wie den einseitigen Anhängern des Octoberdiploms von ihren Widersachern ohne weiters unredliche feudale Hintergedanken, reactionäre Gelüste, centrifugale Tendenzen untergeschoben werden; wir misbilligen es aber nicht minder, wenn diese von jenen zu hören bekommen, „ihr ungesunder Doctrinarismus habe einzig die Durchführung der modern-liberalen Zersetzungsideen im Sinne, unbekümmert, ob darunter die Grundlagen der Volkswohlfahrt, die Attribute und Hoheitsrechte des Thrones in die Brüche gehen."

Kann irgend jemand verkennen, daß das Princip der Centralisation in Österreich auf Thaten, auf eine Reihe der entschiedensten Erfolge hinzuweisen habe, und daß darum von denjenigen, die diesem Principe huldigen, in gleicher Weise vorausgesetzt werden müsse, sie haben die Wohlfahrt, das Gedeihen, den Ruhm des Vaterlandes im Auge, wie von jenen, welche die Erreichung dieses Zieles auf anderem Wege suchen? Der europäische Einfluß der regierenden Familie Österreichs ruhte in den früheren Jahrhunderten zum größten Theile auf der deutschen Kaiserwürde. Aber was hat, nachdem jene zum Schattenbilde herabgesunken und endlich völlig abgestreift war, die Großmachtstellung des Hauses Habsburg-Lothringen fester begründet, als die seit Maria Theresia in consequenter Kraft und Ausdauer sich entwickelnde Regierungsgewalt? Denn eben jene Länder, wo die Macht der Centralgewalt am stärksten war, bildeten die Hauptstütze der Regierung, lieferten den Kern ihrer Heere, waren die vorzüglichste Quelle ihrer Einkünfte. Während in den Ländern der ungarischen Krone das geistige und industrielle Leben in immer schrofferem Abschluße gegen außen kaum merkbare Fortschritte machte, sehen wir in den andern die Städte aufblühen, die bürgerlichen Nahrungen sich heben, Lehranstalten, Kunstinstitute, gemeinnützige Werke entstehen und sich vervollkomnen, Beziehungen aller Art mit dem Westen sich anknüpfen und unterhalten. Da werden Straßen gebaut, reiche Frachtenzüge in die früher engherzig abgesperrten Orte geleitet, die Pflasterung, die Beleuchtung verbessert, öde Plätze in blühende dem Vergnügen und der Gesundheit diensame Stätten umgeschaffen, Spitäler, Blinden-, Taubstummen-Institute errichtet, Armenhäuser gebaut, Sparcassen und Creditinstitute gegründet, wohlthätige, wissenschaftliche, kunstfördernde, gesellige Vereine geschaffen. Dieses theils durch die Mittel, theils durch die Anregung oder unter dem Schutz der Regierung reich und fruchtbar sich entfaltende Leben in den westlichen Ländern der Monarchie, der daselbst gehobene allgemeine Wohlstand und sich vermehrende Nationalreichthum allein machte es, selbst unter den vielfach beengenden Zuständen vor 1848, dem Kaiserstaat möglich, seine innere Kraft und sein auswärtiges Ansehen auf gleicher Höhe mit den übrigen Großstaaten Europa's zu erhalten. „Jedes Land hat vor allem das Bedürfniß regiert zu werden", sagte Fürst Metternich Ende 1844 von den ungarischen Zuständen, und wenn er diesen Ausspruch zunächst nur auf die Leitung der verfassungs-

mäßigen Angelegenheiten bezog, so leidet derselbe doch gleiche
Anwendung auf jene der geistigen und materiellen Interessen.
Gerade Ungarn liefert für diese Behauptung den unwider-
leglichsten Beweis, Ungarn, von welchem billig urtheilende
Eingeborne selbst zugestanden, daß es nach den Schrecknissen
und Verheerungen der fürchterlichsten Revolution binnen zehn
Jahren größere Fortschritte in seiner inneren Ordnung und·
Entwicklung gemacht habe als früher in Jahrhunderten. Denn
wann, so können die Vertheidiger des jüngst gefallenen Re-
gierungsprincipes nicht ohne Grund fragen, wann, seit des
großen Kaunitz Tagen, stand Österreich nach außen hin und
im Innern so unbestritten mächtig da, als in der Zeit der
strammsten Centralisation in der ersten Hälfte der fünfziger
Jahre? In welcher Periode unserer großstaatlichen Entwicklung war die Idee der Reichseinheit in solchem Grade verwirklicht? war die östliche Hälfte des Reiches mit der westlichen inniger verbunden? war nicht bloß die Einheit und
Untheilbarkeit, sondern die Ungetheiltheit Österreichs
eine Wahrheit in des Begriffes vollster Bedeutung? „Es
fällt uns dabei nicht ein", so hören wir die Anwälte einer
starken und umfassenden Regierungsgewalt weiter sprechen,
„die Ausartungen einer Hyper-Centralisation in Schutz nehmen, alle die Misgriffe beschönigen zu wollen, die bei Durchführung jenes Principes gemacht worden sind, die aber mit
seiner Idee und seinem Wesen nichts zu schaffen haben.
Denn wo ständen wir heute, wenn jene Misgriffe nicht
gemacht worden wären, wenn man die Verfassung von 1849,
trotz ihrer Mängel und Lücken, nicht zurückgenommen,
wenn man in der Verwaltung den heilsamen Begriff der
Einheit mit jenem gefährlichen der Einerleiheit nicht ver-
wechselt, wenn man in unseligen, allen blutigen Erfahrungen
der jüngsten Vergangenheit Hohn sprechender Verblendung
jedwede auch wohlmeinendste und anständigste Opposition
nicht niedergehalten, wenn man endlich mit zu spät bereu-

ter Kurzsichtigkeit jener überrheinischen Politik, der von Anbeginn die Sprengung der heiligen Allianz, die Vernichtung
der Verträge von 1815, die Hinausrückung ihrer Gränzen
bis zu den ligurischen Alpen und zum Rhein als Endziel
vor Augen stand, nicht in die Hände gearbeitet hätte? Wo
ständen wir, da wir heute trotz aller dieser Mißgriffe den-
noch so weit stehen?! Man wird es mit allen fulminanten
Reden des wailand verstärkten Reichsrathes, mit aller sophi-
stisch genährten Anfeindung der Männer im Geiste Stadion's
und Schwarzenberg's nie dahin bringen, die riesigen
Fortschritte vergessen zu machen, welche in dem kurzen Zeit-
raume von zwölf Jahren, unmittelbar nach einer Reihe ver-
heerender Bürgerkriege, der materielle und geistige Aufschwung
Österreichs in allen Richtungen gewonnen hat. Was den
letzteren betrifft, so halte man den heutigen Stand unseres
Buch- und Kunsthandels, unserer Vereinsthätigkeit, unserer
politischen Presse, unseres Schulwesens dem Stande vor dem
Jahre 1848 entgegen und subtrahire einfach die statistischen
Ziffern dieses, von jenen der ersteren, und bezüglich des
materiellen Fortschrittes, so höre man den ersten besten Be-
richterstatter ab, der die Repräsentation der österreichischen
Industrie auf der Londoner Weltausstellung 1851 mit der
heutigen zu vergleichen in der Lage und der Wahrheit die
Ehre zu geben willens ist". Wer billig denkt, muß zugestehen, daß sich diese Argumentation anhören läßt. Oder
was wollten wir dagegen einwenden? Wir könnten uns auf
die Untersuchung einlassen, ob alles das wirklich oder wie
viel davon dem Systeme der Centralisation zugute zu schreiben ist, ob nicht etwa unter der Herrschaft eines anderen
Principes gleiches, ja vielleicht größeres erreicht worden wäre,
obgleich die heutigen Zustände in den ungarischen Ländern
dieser Untersuchung eben kein sonderliches Ergebnis verspre-
chen. Jedenfalls steht gegenüber jedem andern Principe, das
seine Fruchtbarkeit erst zu erweisen hat, für den Centralismus

die Thatsache ebenso vielseitiger als ausgebreiteter Erfolge fest und es darf darum, so glauben wir, erwiesen zu haben, niemand den Verfechtern dieses Standpunktes das Unrecht anthun, ihnen ohne weiteres mangelhafte Einsicht vorzuwerfen oder gar unredliche Absichten zu unterschieben.

Aehnliches ist von dem zweiten Principe, daß die Widersacher der Februarverfassung mit so erbittertem Hasse verfolgen, zu sagen. Man mag über Wesen und Werth des Constitutionalismus denken wie man will, man mag noch so durchdrungen sein von der Uiberzeugung, daß sein Wesen an inneren Widersprüchen leide, sein angeblicher Werth mehr äußerlicher Schein sei: so darf man doch nie vergessen, daß in politischen Dingen ein Irrthum, der allgemein ist, praktisch einer Wahrheit gleichzuhalten ist, weil es auf einem Gebiete, wo es sich um Wohl und Wehe von Tausenden und Millionen handelt, nicht bloß schwer, sondern geradezu unmöglich ist, gegen den Strom schwimmen zu wollen, man besäße denn ausreichende Macht, dessen Wogen zu brechen oder zu dämmen. Dann aber: Will man läugnen, daß uns der Constitutionalismus, so kurz die Dauer seiner bisherigen Herrschaft ist, überwiegende Vortheile in der öffentlichen Meinung Europas gebracht hat? Blicken wir auf England, wo die Zahl jener Staatsmänner in fortwährendem Steigen begriffen ist, die seit der in ihren Augen glückverheißenden Aenderung unserer öffentlichen Zustände keine Hehl aus ihrer inneren Befriedigung machen, für den traditionellen Verbündeten der drei Königreiche wieder ohne Scheu in die Schranken treten zu können. Blicken wir auf Frankreich, in dessen gesetzgebender Versammlung die bedeutendsten Männer ihrem Nationalgefühle wiederholt das Geständniß abringen mußten, daß die gegenwärtigen öffentlichen Zustände ihres Vaterlandes den Vergleich mit jenen Oesterreichs nicht eingehen können, und wo einer der eifrigsten Publicisten seiner Regierung keine empfindlichere Wunde bei-

bringen konnte, als indem er einen neidischen Blick auf die
Constitution Oesterreich's warf. Blicken wir auf das außer=
preußische Deutschland, wo die große Mehrheit aller Freunde
Oesterreich's die Publicirung der neuen Grundgesetze mit
lautem Jubel begrüßte und wo es nicht wenige gab, „die
ben Oesterreicher um den erhebenden Wettkampf seiner auf=
gerufenen Kräfte beneiden und gerne mit auf den großen
constitutionellen Schauplatz stehen würden." Blicken wir
selbst auf das rivalisirende Preußen, wo unparteiische Stimmen erst jüngst die Debatten unseres Abgeordnetenhauses
ihren Landsleuten „als Muster politischer Klugheit und vielen
Tactes" vor Augen stellten, und wo dieselben Blätter, die
seit Jahren mit dem glühendsten Haße gegen Oesterreich, mit
der vornehmsten Geringschätzung von allem, was von daher
kam, Staat machten, sich nun vernehmen ließen: daß „diese
Vorgänge in Oesterreich im Vergleich mit dem preußischen
Verhältnissen die Sympathien für Oesterreich in Süddeutsch=
land stärken müssen"; daß „wenn die jetzige Session des
Reichsrathes zu einem einigermaßen befriedigenden Ende
kommt, Oesterreich dadurch nothwendig einen bedeutenden
Vorsprung gewinnt;" daß Oesterreich, geht man dort auf
dem eingeschlagenen Wege fort in der öffentlichen Meinung,
leicht einen Bundesgenossen finden wird, „und was der be-
deutet, welche Dienste er selbst einem schwachen von der Er=
mattung zur Kräftigung sich aufarbeitenden Staate leistet,
davon hat dieses Oesterreich selbst das Beispiel geliefert,
das noch vor Jahr und Tag von einem großen Theile der
Presse als unaufhaltsam seinem Abgrunde zueilend dargestellt
wurde." Zugegeben, daß dieß alles nichts als äußerliche
Erfolge seien, für die innere Wahrheit des Principes von
keinem Ausschlag; doch es sind eben Erfolge und zwar
solche, die in unserer gegenwärtigen Lage von zweifelloser
Bedeutung sind. Wir dürften auf Errungenschaften wie die
genannten herabblicken, wenn der politische Horizont ungetrübt

wäre oder wenn wir eine äußere Machtstellung einnehmen würden, wie vor zehn Jahren. Aber wo das eben nicht der Fall ist, sondern leider das Gegentheil davon, da kann es uns neuen Stürmen entgegensehend, deren Vorzeichen drohend von allen Seiten heranziehen, doch wahrhaftig nicht einerlei sein, ob die öffentliche Meinung eines großen Theiles des gebildeten Europa's mit uns stehe oder gegen uns. Der überzeug= teste Gegner des Constitutionalismus wird, wenn er anders unbefangener Erwägung Raum gibt, mit sich zu Rathe ge= hen müssen, ob Angesichts solcher Thatsachen diese Regie= rungsform nicht im gegenwärtigen Augenblicke eine politische Nothwendigkeit für Oesterreich sei? ob sie, man mag sich den endlichen Abschluß unseres Verfassungswerkes wie immer denken, als Durchgangspunkt, als Läuterungsproceß nicht geradezu von Heile sei? ob endlich, gegenüber der ausge= sprochenen Vorliebe eines großen Theiles von Europa für constitutionelle Weisen, jener dereinstige Abschluß nicht einzig und allein dadurch zu erwünschter Anerkennung und Achtung in den Augen des Andersmeinenden gelangen könne, wenn er aus der unangefochtenen Herrschaft des Constitutionalismus und trotz derselben sich herausgebildet haben werde?

Allein wo es sich um die Lösung des Zweifels handelt, von dessen Formulirung wir ausgingen, da können Oppor= tunitäts= und Utilitäts=Rücksichten erst in zweiter Linie in Betracht kommen. Denn die Misvergnügten vom neuesten Datum stellen nicht allein in Frage, ob Centralisation und Constitutionalismus den Grundlagen und natürlichen Bedin= gungen unserer politischen Existenz entsprechen. Sie greifen, wie wir gesehen, den Rechtsbestand des Gesetzes selbst an, auf dessen Boden sich jene beiden Principe Geltung errangen. Sie behaupten das Vorhandensein eines inneren Widerspru=

2*

ches unserer jüngsten Verfassungsgestaltung mit den früher gemachten Verheißungen, des Februarpatentes mit dem Octoberdiplome. Das aber ist eine Frage Rechtens und diese muß in erster Reihe zur Entscheidung kommen. Die Entscheidung ist unseres Bedünkens eine einfache und klare. Der Name und das Insiegel unseres Kaisers und Herrn steht so gut unter dem Patente vom 26. Februar 1861 wie unter dem Diplome vom 20. October 1860. Der allerhöchste Gesetzgeber, dessen hochherziger Entschließung die eine wie die andere Urkunde ihren Ursprung verdankt, hat die letztere ausdrücklich mit dem „zur Regelung der staatsrecht= lichen Verhältnisse der Monarchie am 20. October 1860 er= lassenen Diplome" in unmittelbare Beziehung gesetzt, hat jenes Patent laut Seines unzweideutigen Ausspruches nur erlassen, weil das mit dem Diplome Seinen Ländern und Völkern verliehene verfassungsmäßige Recht, „um in's Werk gesetzt werden zu können, einer bestimmten Ordnung und Form der Ausübung bedarf." Die Frage ist daher nicht die: ob die Bestimmungen des Patents vom 26. Februar 1861 mit den Verheißungen vom 20. October 1860 im Einklang seien oder nicht im Einklang seien. Die Frage kann vielmehr einzig die sein: ob wir die Bestimmungen des Patentes vom 26. Februar 1861 als mit den Ver= heißungen vom 20. October 1860 nicht im Einklang auf= fassen dürfen oder nicht dürfen. Und die Antwort darauf lautet: Wir dürfen es nicht. Denn nach der eben ge= gebenen Auseinandersetzung läßt sich das a. h. Patent vom 26. Februar 1861 als nichts anderes erkennen denn als die authentische Interpretation des a. h. Diploms vom 20. October; eine solche aber ist nach allen juridischen und legislativen Grundsätzen selbst Gesetz und gegenüber ihr gibt es nur einen Grundsatz: Gesetze müssen so aus= gelegt werden, daß sie keinen Widerspruch ent= halten. Wo ein Widerspruch zwischen Stellen eines und

desselben Gesetzes oder zwischen Stellen mehrerer mitein=
ander im Zusammenhang stehender Gesetze auftaucht, da
kann es nur ein scheinbarer sein, darf nur als ein schein=
barer aufgefaßt werden, der sich nach den Grundsätzen ge=
setzlicher Auslegung ausgleichen lassen - muß. Dieser und
jener von uns mochte immerhin, solange das Octoberdiplom
allein da stand, seine Auffassung desselben, seine Aus=
legung der darin ausgesprochenen Grundsätze, seine Ueber=
zeugung von der einzig richtigen Ausführung und Inswerk=
setzung der darin enthaltenen Verheißungen geltend gemacht
und vertheidigt haben: seit dem Ausspruche des allerhöchsten
Gesetzgebers, der in den Grundgesetzen vom 26. Februar
seine — nicht provisorische, sondern definitive — Formuli=
rung gefunden hat, darf er dies nicht mehr. Gegenüber sol=
chem Ausspruche in letzter und oberster Instanz kann niemals
und nirgends die Frage aufgeworfen werden: ob October
oder Februar? Jeder loyale Unterthan, jeder verfassungs=
treue Staatsbürger, jeder gesetzverständige Rechtsmann darf
und kann nur sprechen, wie die letzte legislative Autorität
selbst gesprochen hat: October und Februar!

II.

Für einen sehr großen Theil des Reiches scheint unsere ganze bisherige Ausführung: ob man fragen dürfe „October oder Februar?" ob es nicht vielmehr heißen müsse „October und Februar!" eine verlorene zu sein, weil man dort weder vom 20. October noch vom 26. Februar etwas wissen will. Die Actionspartei in Ungarn, die sowohl das Abgeordneten= haus als die Magnatentafel des letzten Landtages mit Ueber= macht beherrschte; die heute noch, im Stadium landtaglosen Dahinbrütens, einen ungreifbaren, aber darum nicht minder unbeugsamen Terrorismus fast über Alle ausübt, die im Namen des Landes zu sprechen wagen; die endlich, nicht durch das Gewicht der Gründe, womit sie ihren Standpunkt verficht, sondern durch das Ansehen der Masse, die ihrem Schlachtruf blindlings folgt, und durch die zähe Hartnäckig= keit, mit der sie an der vorgefaßten Meinung festhält, ihren einschüchternden Zauber selbst über die Leitha wirken läßt, so daß nicht wenige unserer Politiker keinen andern Standpunkt kennen als jenen der Concessionen Ungarns auf der einen, der Concessionen an Ungarn auf der andern Seite, diese Partei hat die Theorie der Rechtscontinuität aufge= stellt, zu Folge welcher sie an den angeblich letzten verfaf= sungsmäßigen Zustand vor dem Zeitpunkte der nach Nieder= schlagung des bewaffneten Aufstandes eingetretenen Rechts=

verwirkung anknüpft; zu Folge deſſen ſie jenen Zuſtand
die Herrſchaft der achtundvierziger Geſetze, als noch heute zu
Recht beſtehend anſieht, weil derſelbe nicht im Wege Rech=
tens, ſondern einzig durch die Gewalt der Thatſachen auf
einige Zeit verdrängt worden ſei; zu Folge deſſen ſie endlich
behauptet, daß eine Fortführung und Weiterbildung der Ver=
faſſung nur von dem Boden der Geſetzgebung des Jahres
1848 unternommen werden könne.

Zur begründenden Nachweiſung dieſer Theorie ſind zahl=
reiche Schriften aufgeſetzt worden, deren Weitwendigkeit eben,
nicht zu Gunſten der Sache ſpricht, die ſie vertreten. Der
Stempel der Wahrheit iſt einfache Kürze; wer es nöthig
findet, viel Worte zu machen, erregt den Verdacht, als ob
er verwirren oder ermüden und auf dieſe oder jene Weiſe
den Gegner ſtatt ihn zu überzeugen, gefangen nehmen wolle.

Wir unſerſeits gedenken uns kürzer zu faſſen. Wie
ſteht es, ſo fragen wir uns, näher beſehen und allen Wort=
ſchwall bei Seite, mit jener Theorie vermeintlicher Rechts=
continuität?

Es gilt vor allem ſich klar zu machen, was man unter
Rechtscontinuität verſtanden wiſſen wolle. Nimmt man Wort
und Begriff im ſtrengen Sinne, ſo können nur jene Verfaſ=
ſungszuſtände als geſetzmäßig und folgerichtig gelten, die ſich
im Wege ungehemmter Entwickelung und ſtreng eingehaltener
Legalität aus den vorhergegangenen herausgebildet haben.
Wird dagegen Wort und Begriff in weiterem Sinne
gewonnen, ſo zieht ſich die Continuität verfaſſungsmäßiger
Entwickelung durch die Reihe aller jener Zuſtände hinab, die,
wenn auch nicht überall mit ſtrenger Einhaltung der früher
beſtandenen Formen und Normen, doch thatſächlich einer aus
dem andern hervorgingen, einer nach dem andern ſich längere
oder kürzere Zeit äußerer Anerkennung erfreuten, in Geltung
und Wirkſamkeit beſtanden.

Nimmt man nun Wort und Begriff von Rechtscontinui=

tät im ersteren strengen Sinne, so werden wir auf das ge=
rade Gegentheil dessen geführt, was von unsern Gegnern
in Absicht auf die achtundvierziger Gesetzgebung behauptet wird.
Denn diese Gesetze, weit entfernt sich im Wege ungehemmter
Entwicklung und streng eingehaltener Legalität aus den frü=
heren Verfassungszuständen herausgebildet zu haben, haben
vielmehr jene Rechtscontinuität in der ecclatantesten Weise
durchbrochen. Wie bekannt, war es ein unumstößlicher Grund=
satz des vormärzlichen ungarischen Verfassungslebens, daß
die Deputirten an die von ihren Committenten empfangenen
Instructionen gebunden seien, und nicht e i n m a l, sondern
h u n d e r t m a l trat in der Zeit vor 1848 der Fall ein, daß sich
die Abgeordneten, oft in ganz untergeordneten Angelegenhei=
ten, der Abstimmung enthielten, weil sie behaupteten, rücksicht=
lich derselben von ihren Committenten nicht instruirt worden
zu sein. Allein die so tief greifenden und wesentlichen Be=
stimmungen, die den Inhalt der nachmaligen achtundvier=
ziger Gesetze bildeten, hatte von a l l e n A b g e o r d n e t e n
n i c h t e i n e i n z i g e r i n s e i n e r I n s t r u c t i o n; für
die Herstellung eines selbständigen ungarischen verantwortli=
chen Ministeriums, wodurch das jahrhundertlange Band mit
den anderen Theilen der Monarchie zerrissen wurde und die
„tausendjährige" Verfassung mit ihrem vielverschlungenen
mittelalterlichen Apparat einen Stoß erhielt, der sie aus
ihren Fugen hob, befanden sich die sämtlichen Ablegaten o h n e
a l l e n A u f t r a g v o n S e i t e n i h r e r C o m m i t t e n t e n
und wenn daher in Folge der vom Reichstage gefaßten, im
Drange der Ereignisse von der Krone sanctionirten Be=
schlüsse die Verfassungszustände des Jahres 1848 zur Herr=
schaft gelangten: so geschah dieß nur in Folge eines Vor=
ganges, welcher dem bis dahin anerkannten Grundsatze der
Comitatssouverainetät geradezu widersprach; so geschah dieß
n i c h t, i n d e m d i e R e c h t s c o n t i n u i t ä t m i t d e n f r ü=
h e r e n v e r f a s s u n g s m ä ß i g e n Z u s t ä n d e n g e w a h r t

und eingehalten, sondern indem dieselbe in
völlig rücksichtsloser Weise verläugnet und
durchbrochen wurde. Vom Standpunkte der Rechtscontinuität im strengen Sinne des Wortes daher ist die achtundvierziger Gesetzgebung nicht das letzte Stadium der früher zu Recht bestandenen Verfassungszustände, sondern das erste
Stadium nach der ungestörten und ungekränkten Geltung derselben. Und nicht die Verfassungszustände des Jahres 1848,
sondern jene vor dem Jahre 1848 wären es, an die allein
man anknüpfen dürfte, wenn von Rechtscontinuität im strengen Sinne des Wortes die Frage käme.

Allein wir selbst sind die ersten, die es willig zugeben,
daß vor einer Auffassung von solcher Strenge gar manches
fallen müßte, was nach allgemeiner Meinung anerkannten
verfassungsmäßigen Bestand hatte oder hat; daß im Leben
der Völker und Staaten zu Zeiten Wendepunkte eintreten,
in deren gebietendem Drange nicht alles beobachtet werden
kann, was man bei ruhigem Verlaufe zu übersehen sich nicht
herausnehmen würde; daß Katastrophen hereinbrechen, die
sich ihr Eigengesetz statuiren und die, statt gefügig den früheren Verhältnissen sich einzuschmiegen, eine neue Ordnung
der Dinge beginnen und einen Wendepunkt bilden, von dem
eine andere Ära anhebt. Wir sind daher gerne bereit, gegenüber dem Standpunkte jener, wie wir sie nennen möchten,
advocatischen Rechtscontinuität, weil jedes fehlende
J-Tüpfchen einen Grund zur Nicht-Anerkennung der wichtigsten
Entwicklungsphasen bilden müßte, uns auf den liberaleren
und allein praktischen Standpunkt der historischen
Rechtscontinuität zu stellen und von diesem aus, den Gesetzen des Jahres 1848 so gut ihren gebürenden Platz in
der ungarischen Verfassungsgeschichte zuzugestehen, wie manch
andern vorangegangenen Entwicklungsphasen, die vor dem
Richterstuhle der advocatischen Rechtscontinuität vielleicht
ebensowenig Gnade fänden. Doch diese Auffassung zugege-

ben, stellen wir nunmehr die Forderung, daß man mit gleicher Elle nach allen Seiten messe. Dasselbe Richtmaß, nach
dem man die Entstehung und den Bestand der achtundvier=
ziger Verfassungszustände beurtheilt wissen will, muß man
auch an die Zustände legen, die im ununterbrochenen Fluße
geschichtlicher Entwicklung auf jene Zustände folgten. Man
darf sich nicht zu der Behauptung versteigen, daß mit dem
Jahre 1848 eine Rechtsperpetuität eingetreten sei; man muß
sich vielmehr zu dem Geständnis bequemen, daß, sowie für
diese Zeit die Rechtscontinuität mit den früheren Zuständen
in Anspruch genommen wird, eben so für die darauf folgen-
den Verfassungszustände die Rechtscontinuität mit jenen, aus
denen sie hervorgegangen, im Fluße geblieben sei.

Welches ist der Entwicklungsgang der Verfassungszustände Ungarns seit den letzten fünfzehn Jahren?

Aus den Zuständen bis zum Jahre 1847 gingen die
achtundvierziger Gesetze hervor —

Die Verfassungszustände des Jahres 1848 liefen in die
Revolution aus —

Die Revolution führte
einerseits zu dem 14. April 1849, welcher die acht und
vierziger Gesetze über den Haufen warf, andrerseits zu
den Loyalitäts= und Ergebenheits=Adressen, die, von den
letzten Tagen des December 1848 an in ungezählter
Menge zu den Füßen des Thrones niedergelegt, dem
jungen Herrscher huldigten und dessen Recht, den be=
waffneten Widerstand niederzuwerfen und Ordnung m
Lande herzustellen, anerkannten. —

Der bewaffnete Widerstand wurde gebrochen und die
Ordnung hergestellt durch die Verfassung vom 4. März 1849,
die in umgekehrter Richtung that, was die Ungarn vor dem
März 1848 gewünscht hatten; denn so wie damals das Be=
gehren gestellt ward, daß die andern Länder der Monarchie
mit jenen verfassungsmäßigen Institutionen möchten beglückt

werden, in deren Besitze sich Ungarn befand, so wurde nun Ungarn derselben constitutionellen Einrichtungen theilhaftig, die den andern Ländern der Monarchie gegeben waren. —

Es folgte die Gesetzgebung vom J. 1851 für die nicht= ungarischen Länder wie für Ungarn, es folgte die Zeit, in der 1853 ein beredter Mund die achtundvierziger Gesetze als die Brandfackel „jener verheerenden Elemente" bezeichnete, „die in der jüngsten Vergangenheit gewüthet und den Boden des Landes mit gänzlichem Untergang bedroht hatten"; es folgte die wiederholte Kaiserreise von 1852 und 1857, die ein Triumph, eine Huldigung, eine Anerkennung des rechtmäßigen Herrschers war, zu der alle Stände vom schlich= ten Landpfarrer bis zum Fürstprimas, vom urwüchsigen Batschkoristen bis zum edelsteinfunkelnden Magnaten, vom geringsten Dorfe bis zu den tonangebenden Städten Buda= pest und Debreczin, von den Tausenden berittener Banderien bis zu den feierlichen Deputationen aller Institute, Körper= schaften, Universitäten das ihrige beisteuerten; es folgte jene Adresse vom Jahre 1857, unterzeichnet von den Namen des Primas Szitovszky, der Grafen Georg Apponyi und Emil Dessewffy, des Baron Eötvös; des Herrn Koloman von Ghyczy u. a., worin der „Ereignisse von 1848 und 1849", die „immer Trauerblätter in unserer Geschichte bleiben wer= den", gedacht, sodann aber auf die „Verbindung Ungarns mit der österreichischen Gesammtmonarchie", auf „die noth= wendigen Consequenzen der Reichseinheit" Nachdruck gelegt wurde u. s. w. —

Es folgte, vom Kaiser aus eigener Entschließung und Machtvollkommenheit und ohne äußere Nöthigung gegeben, das Diplom vom 20. October 1860 —

Es folgte als Ergänzung des Diploms und zur nähern Bestimmung der darin ausgesprochenen Grundsätze das Pa= tent vom 26. Februar 1861. —

Dieß und keine andere ist die historische Rechtsconti=

nuität der ungarischen Verfassungszustände seit 1847 [und
wenn, ihr Herren, jenseits der Leitha diese Continuität ver=
läugnet und beliebige Glieder derselben willkürlich übersprengt;
wenn ihr „auf der Nichtigkeitserklärung aller Regierungs=
verfügungen seit 1848" beſtandet, und solange dieß nicht
geschehen, nur von einer „factisch beſtehenden Macht", von
„demjenigen, der factisch die Souverainetätsrechte ausübt"
wiſſen wolltet; wenn ihr von den Geschenken des hochherzigen
Monarchen damit Beſitz zu ergreifen begannet, daß eure Co=
mitate „keine der von dem absoluten Regimente eingeſetzten
wie immer Namen habenden Behörden und Ämter in ihrem
Bereiche zu dulden", die Abstattung aller von der „gesetzwi=
drigen" Regierung ausgeworfenen directen und indirecten
Steuern den Gemeinden zu untersagen, alle „vermittelst Pa=
tenten erlassenen gesetzlichen Beſtimmungen außer Kraft zu
ſetzen" erklärten: dann waren nicht wir es, son=
dern ihr wart es, von denen das Ana=
thema der Rechtsverwirkung zuerſt ausge=
sprochen wurde.

Dann aber, ihr Herren jenseits der Leitha, hattet ihr
auch nicht das Recht euch zu verwundern oder darüber be=
leidigt und verletzt zu zeigen, wenn man nun auf der andern
Seite den gleichen Standpunkt einnahm und von da aus
Folgerungen zog, die euer sophistisches System theils be=
haupteter theils verläugneter Rechtscontinuität über den
Haufen warf. „Haben die Ungarn", so wurde euch zurück=
gerufen, „in den Jahren 1848 und 1849 gegen das Kaiſer=
reich und zuletzt selbst gegen die kaiserliche Dynaſtie nicht
einen hartnäckigen blutigen Krieg geführt? Haben sie diesen
Krieg etwa durch einen Unterwerfungsvertrag mit der Be=
dingung des Status quo ante bellum freiwillig beendet?
Was sind nun aber nach den allgemeinen anerkannten
Grundsätzen des Völkerrechtes die rechtlichen Folgen des
Krieges bezüglich auf die vor demselben zwischen den Krieg=

führenden bestandenen Verträge? Hören wir, was Vatel über unsere Frage (Cap. X. §. 175) wörtlich sagt: ‚Les conventions, les traités faits avec une nation sont rompus ou annullés par la guerre, qui s'élève entre les contractants.‘ Dieser Ausspruch Vatel's ist übrigens nicht etwa nur das Resultat seiner philosophischen Meditationen, er ist vielmehr das formulirte, Jahrhunderte vor ihm ausgeübte historische Recht, wie es uns die Weltgeschichte überhaupt und die Geschichte Oesterreichs insbesondere zeigt."

So stünden wir denn einander mit zwei unvereinbaren Behauptungen gegenüber, für die es, so lange nicht Einer oder der Andere weicht, keinen friedlichen Ausgleich gibt. Und wenn nun keiner dem andern wiche? O, lasset uns den Gedanken nicht weiter ausspinnen! denn sein Ende ist Kampf und Tod, ist Bruderblut und Verwüstung des eigenen Heerdes, ist die Erneuerung all' der Gräuel und Schrecken, die noch frisch in unserer angstvollen Erinnerung haften! Darum wollen wir, darum wollet aber auch ihr ablassen von einer Theorie, die uns gegenseitig auf unversöhnliche Standpunkte führt! Wir wollen sie von uns weisen, die gehässige Wiederauffrischung für immer beklagenswerther Ereignisse: sie gehören der Geschichte an, aber sie sollen mit unserer Politik nichts zu thun haben. Aber darum gebet auch ihr der Einsicht Raum, daß ihr nicht, wenn ihr das Ding advocatisch nehmt, die Rechtscontinuität an Verfassungszustände anknüpfen dürft, deren Ursprung auf einen offenbaren Bruch mit früheren Rechtsgepflogenheiten zurückführt; daß ihr aber noch weniger, wenn ihr euch an das historisch zu Recht Bestandene haltet, einen beliebigen Zeitraum angenommener Rechtsverwirkung annehmen und mit einem kühnen Sprung über zwölf Jahre der Reihe nach aus einander hervorgegangener Verfassungszustände hinweg setzen könnt.

Wir wollen nicht rechten mit euch über die Vortrefflichkeit oder Mangelhaftigkeit, über die Nützlichkeit oder

Schädlichkeit der achtundvierziger Gesetze oder doch gewisser
Bestandtheile derselben. Wir gestehen jenen unter euch, die
in der Wiederherstellung solcher Bestimmungen das Heil
ihres Vaterlandes erblicken, die volle Berechtigung zu, diese
Wiederherstellung anzustreben. Aber wir können, wir dürfen
ihnen diese Berechtigung nur in dem Sinne zugestehen, daß
sie die Wiederherstellung gewisser Bestimmungen der acht=
undvierziger Gesetze auf verfassungsmäßigem Wege anstre=
ben d. i. von jenem Boden aus, der jetzt der zu Recht be=
stehende ist, von dem Boden des Diploms von 1860 und
des Patentes von 1861 aus. Und unter allen Umständen
kann nur die Wiederherstellung jener Gesetze in Frage
kommen, da sie gegenwärtig nicht als aufrecht stehend gelten
können. Wir wollen die Rechtsgiltigkeit der Gesetze von
1848 für die Zeit, da sie in anerkannter Kraft und Wirk=
samkeit bestanden, nicht anfechten; aber fechtet auch ihr die
Rechtsgiltigkeit der Gesetze von 1860 und 1861, die in
diesem Augenblicke in Kraft und Wirksamkeit bestehen, nicht
an. Was damals von den Gesetzen des Jahres 1848 galt,
muß heute von jenen der Jahre 1860 und 1861 gelten und
unter allen Umständen bleibt jener Ausspruch wahr, den
einer der Euren, seine persönliche Ueberzeugung und jene
seiner früheren Parteigenossen seiner Pflicht als Staats=
bürger unterordnend, unmittelbar nach Kundmachung der
achtundvierziger Gesetze gethan hat: „Ueber ein zu erlas=
sendes Gesetz können die Meinungen verschieden sein; das
erlassene Gesetz muß jeder heilig achten!"

Was wir so eben auszuführen versuchten, scheint der
Standpunkt der gegenwärtigen Regierung Seiner Majestät
zu sein, die im laufenden Sommer (26. Juni) Anlaß fand,
es durch eines ihrer Glieder im Abgeordnetenhause „frei und
unumwunden aussprechen" zu lassen: „Nur auf Grundlage

jener verfassungsmäßigen Einrichtungen, die von Sr. Maje=
stät gegeben worden sind und an denen die Regierung unter
allen Bedingungen festhalten will, soll das Werk der Ver=
ständigung und Vereinigung zu Stande kommen."

Wie das Ministerium, so werden daher auch wir den
Vorwurf über uns ergehen lassen müssen, daß wir den Un=
garn unerfüllbares zu muthen, anstatt ihnen den Weg der
Verständigung zu eröffnen, daß wir sie durch schroffe Hal=
tung zurückstoßen, statt sie durch Einleitung von Unterhand=
lungen uns näher zu bringen. Denn der Weg des Pactirens,
des Uebereinkommens im gütlichen Wege sei der einzige, auf
dem man Ungarn zu gewinnen, die so bedauerliche Schei=
dung des Reiches in zwei Hälften auszugleichen hoffen dürfe.
Dahin sei denn auch bereits die Ueberzeugung der redlichen
und einsichtsvollen Ungarn gelangt: „Man muß die Ver=
ständigung und keinen Sieg wollen; denn der ist verderb=
lich", heiße es in dem Sauerbrunner Manifest.

Wir können nur bedauern, daß wir dieser Auffassung
unseren Beitritt versagen müssen. Unserer innigsten Ueber=
zeugung nach gibt es gegenüber von Ungarn, falls es,
wie wir leider immer noch fürchten müssen, Erwägungen
wie die obigen sein Ohr verschließt, nur eine Politik,
und das ist die der Transaction gewiß nicht. Vergleiche
führen unter Privaten nicht häufig zum Ziele, geschweige denn
unter Völkern, von denen auch nur ein Theil das heiße Blut,
die übersprudelnde Phantasie des Magharen hat. Wenn
heute ein Pester Landtag berufen würde, und er finge es mit
dem besten Willen so ruhig und kühl als möglich an, so
würden sich seine Redner, wir müßten uns denn sehr irren,
nach und nach selbst in eine solche Hitze hineinreden, daß
wir bald wieder dort ständen, wo der sechziger Landtag auf=
gehört hat.

Aber gesetzt, das sei nicht zu befürchten: sind denn auch

nur die Bedingungen vorhanden, die einer einzuleitenden Ver-
gleichsverhandlung günstigen Erfolg sichern? Es läßt sich nicht verkennen, daß eine große Anzahl
magyarischer Wortführer von jener unnahbaren Schroffheit
nachgelassen hat, welche ihre Stellung auf dem letzten
Landtage charakterisirte. Allein in der Hauptsache worauf es zunächst ankommt, in dem Dogma von der Allein-
giltigkeit der achtundvierziger Gesetze, befinden sie sich heute
noch in derselben Stellung wie im Sommer des Jahres
1860. Es wurden jenseits der Leitha in wohlmeinender
Absicht die mannigfaltigsten Vorschläge gemacht, einen Ausweg aus dem Irrgarten zu finden, in den man durch die
leidenschaftliche Verblendung des aufgelösten Landtages hin-
eingerathen war. Doch alle diese Vorschläge gehen von der
unabweisbaren Anerkennung der achtundvierziger Gesetze aus,
von denen zur allgemeinen Grundlage unseres heutigen Verfassungslebens keine Brücke führt.

Das Programm von Sauerbrunn, die neueste Mani-
festation ungarischer Patrioten, liefert davon den unwider-
leglichsten Beweis. Was sagen die Verfasser jenes Programms? Nicht den Worten, aber dem Sinne nach folgen-
des: „Wir sehen ein, daß unser Landtag von 1860 in seinen
Ansprüchen zu weit gegangen ist; daß ihr nicht anders könnt
als die Zumuthungen desselben von euch zu weisen; daß ihr
nicht davon abgehen dürft, auf der Einheit des Gesammt-
staates und deshalb auf der gemeinsamen obersten Leitung
aller für die Wahrung jener Einheit wesentlicher Angelegenheiten zu bestehen. Wir verkennen auch nicht, daß jene Einheit und diese gemeinsame oberste Leitung in unserem eigenen Interesse liegt, da Ungarn in dem Augenblicke preißge-
geben wäre, in welchem es selbstständig und unabhängig
mitten in das Getriebe der europäischen Großmächte hinein-
geschoben würde. Allein seht, wir haben es uns einmal zum
Losungswort erkoren, von den achtundvierziger Gesetzen nichts

aufgeben, sie als den einzig legalen Boden weiterer Rechts=
entwicklung ansehen zu wollen. Darum lasset uns unseren
Willen, gönnet uns unser Achtundvierzigerthum! Im übri=
gen mögt ihr es euch einrichten, wie ihr es für gut findet.
Erwäget doch nur ‚die Elasticität der §§. 6, 8, 13, 20, Ar=
tikel III der 1848er Gesetze,‘ und ihr werdet finden, daß ihr
damit in der Hauptsache erreichen könnt, was ihr nur be=
gehrt. Wir wollen ein Auge zudrücken; wir wollen machen,
als sähen wir es nicht, wie ihr diese Gesetze, denen unsere
Minister im Jahre 1848 allerdings eine andere Deutung
gaben, eigentlich breit schlaget; haben wir doch, um was es
uns jetzt allein noch zu thun ist, den Schein gerettet, daß
der gesetzliche Boden des Jahres 1848 nicht verlassen, die
Rechtscontinuität nicht unterbrochen ist“ — — —

Hegt jemand dießseits der Leitha Verlangen, auf dieser
Grundlage mit unseren Brüdern drüben in Verhandlung zu
treten?

Wäre der Vorschlag wirklich so gemeint wie er sich
gibt und könnten die Proponenten darauf zählen, die Mehr=
heit ihrer Landsleute dabei auf ihrer Seite zu haben, dann
wäre es geradezu eine Selbsttäuschung, eine Lüge, die ihm
zu Grunde liegt. „Zwinge mich“, sagte das Mädchen, „so
thu’ ich keine Sünde“, und: „Ueberlistet uns“, sagen die
Patrioten von Sauerbrunn, „so begehen wir keine Incon=
sequenz.“ Es war vor einigen Tagen in einem Pester Blatte
von der hohen sittlichen Entrüstung über die „Immoralität“
der Wiener Publicistik zu lesen, welche „den Männern, die
bloß aus Opferwilligkeit gegen den Thron und das Vater=
land und unter den schwierigsten Verhältnissen die Mission
der Vermittlung übernahmen, mit so schreiendem Undank be=
gegnet“. Doch wir meinen, das Sauerbrunner Manifest
böte einen fruchtbareren Text, ein Capitel über „Immora=
lität“ jenen zu lesen, die das Programm ihrer eigenen Partei
feil bieten und zum beliebigen Mißbrauch preisgeben, auf

Time is money. I.   3

daß nur die Führer das Ansehen behalten von dem Buch=
staben desselben nicht abgewichen zu sein.

Ist aber, und dieß scheint uns das wahrscheinlichere,
der Vorschlag nicht aufrichtig gemeint oder die Proponenten
haben keine Aussicht die allgemeine Stimme des Landes
dafür zu gewinnen, dann wäre mit der Annahme desselben
eben so wenig etwas erreicht, als mit der Annahme irgend
eines andern Vorschlages, der von der willkürlichen und
hartnäckigen Behauptung des aufrechten Bestandes der acht=
undvierziger Gesetzgebung ausgeht.

So lange jenseits der Leitha noch die Fieberglut der
Unbesonnenheit in den Adern der großen Mehrheit pulsirt,
die einen „Landesverrath“ darin erblickt, den Ausgleich mit
„Oesterreich“ zu versuchen —

so lange man drüben das aus kaiserlicher Gnade und
Machtvollkommenheit erflossene Diplom vom 20. October
nur als eine — nicht ausreichende! — Sühne für eilfjäh=
rige Rechtsverletzung ansieht —

so lange selbst wohlmeinende magyarische Stimmen rund
und nackt den Satz aussprechen, „daß die constitutionelle Or=
ganisation der Monarchie nur auf der Grundlage des Dua=
lismus möglich ist“ —

so lange dort die achtundvierziger Gesetze, die zur
Anarchie führten, als der Ausgangspunkt und die Beschlüsse
des Landtages von 1861, die aus der Anarchie hervorgingen,
als der Endpunkt politischer Weisheit, solange das auch nur
theilweise Zurückgehen von jenen und diesen Maßlosigkeiten
als „eine von Ungarn verlangte Concession“ gilt —

so lange die einen lieber den „Absolutismus als Schluß=
stein einer Organisation, deren Grundlage zwei abgesonderte
verfassungsmäßige Körperschaften zu bilden hätten,“ annehmen
als die gemeinsame parlamentarische Behandlung der Ge=
sammtstaatsfragen gelten lassen wollen —

so lange die Andern, welche diesen Ausweg der Ver=

zweiflung von sich weisen, sich nur einen solchen Abschluß zu denken vermögen, wo der beiden Ländergebieten gemeinsame Monarch in allen gemeinsamen Angelegenheiten zwar an die Mitwirkung des ungarischen Reichstages gebunden sein soll, die übrigen an politischer Uebung und Reife nicht auf gleicher Höhe mit den ungarischen stehenden Länder aber das Nachsehen haben sollen, weil es ja doch nicht angeht, die einer einheitlichen Lösung bedürftigen Fragen der Chance auseinandergehender Behandlung in zwei von sich unabhängigen Vertretungskörpern ausgesetzt zu lassen —

so lange den Dritten das Zugeständniß einer comissionellen Zusammentretung der beiderseitigen Legislaturen „von Fall zu Fall" als das höchste gilt, was Ungarn den nichtungarischen Ländern einräumen könne —

so lange sich die Vierten, alle andern in Anbot übertreffend, eine Tödtung des Geistes der 1848er Gesetze gefallen lassen wollen, um nur den Buchstaben derselben zu retten:

so lange wäre es dießseits der Leitha kurzsichtige Verblendung, ein versöhnendes Ergebniß von einem Ausgleich zu hoffen, der von zwei in der Wurzel und im Endziele mit einander unversöhnlichen Standpunkten aus unternommen würde.

Wie noch in diesem Augenblicke die Dinge in den Ländern der ungarischen Krone stehen, so werden sie sicher auf die Länge nicht bleiben; es wird die richtigere und ruhigere Ueberzeugung von der unzertrennlichen Zusammengehörigkeit, von dem gemeinsamen innigen und wechselseitigen Interesse aller dem Scepter unseres erlauchten Herrscherhauses angehörigen Länder immer mehr Boden gewinnen. Die Anzeichen, daß dies hoffentlich in nicht zu langer Zeit eintreten werde, mehren sich mit jedem Tage. Wenn die deutschen

3*

Intereſſen, heißt es in Kecskeméthy's neueſter Broſchüre, für uns fremde Intereſſen ſind, ihr Krieg nicht unſer Krieg iſt, „dann gibt es keinen Staat Oeſterreich, ſondern nur einen negativen Staatsverband, der alles in allem darin beſteht, daß wir einander nichts übles zufügen, daß wir nicht Feinde, aber auch nicht Bundesgenoſſen ſind. Hätten nicht Deutſche und Böhmen mit uns bis Belgrad geſtritten, Ungarn wäre noch heute eine elende, türkiſche Provinz, und der Ungar, der von Raab bis Paris kämpfte, focht eben ſo wenig für fremde Intereſſen; denn wo wäre heute Ungarn, wenn es dem weſtlichen Cäſarismus gelungen wäre, ſeinen Plan zur Vernichtung Oeſterreichs auszuführen!" Was der geiſtreiche Publiciſt hier von den äußeren Momenten diplomatiſcher und militäriſcher Machtſtellung hervorhebt, das gilt nicht minder von den Potenzen des geiſtigen und ſocialen, des ge= werblichen und commerciellen Lebens. Fragt einmal bei den Induſtriellen Ungarns nach, bei den Capitaliſten, bei den Latifundinarien, und ſie werden vielleicht jetzt noch nicht den Muth Kecskeméthy's haben, es offen herauszuſagen, aber ſie werden es euch unter vier Augen anvertrauen, daß die Intereſſen der nicht = ungariſchen Länder Ungarn keine fremden ſind, daß der Wohlſtand und das Gedeihen jener für den Wohlſtand und das Gedeihen Ungarns keinesfalls gleichgiltig iſt. Allein ſolange ſolche Dinge eben nur unter vier Augen, ſolange ſie nur von Einzelnen und über Einzelnes geſagt wurden, ſolange ſich nicht die volle und laute Ueber= zeugung von der nothwendigen Einheit, Einigkeit und Ge= meinſamkeit des öſterreichiſchen Geſammtſtaatsverbandes all= gemeine Herrſchaft errungen hat: ſo lange gilt, was wir früher ſagten, daß der Zeitpunkt zu einem verſtändigenden Ausgleiche noch nicht gekommen iſt.

Doch ſelbſt angenommen, dieſer Zeitpunkt ſei ſchon da, und man wäre auf ungariſcher Seite bereits auf dem Punkte angelangt, von dem verlockenden Bilde politiſcher Selbſt=

ständigkeit und Abgesondertheit abzulassen: sind denn wir auf unserer Seite schon so weit, um zu einem Ausgleiche mit Ungarn die Hand reichen zu können? Wer sich in politischen Angelegenheiten zu einem solchen Schritte entschließt und nicht der Gefahr aussetzen will, daß dabei der andern Seite der Löwenantheil zufalle, der darf nicht mit leeren Händen kommen, sondern muß etwas haben, womit er ein preiswürdiges Anbot machen kann.

Wenn diese Klugheitsregel unter allen Umständen beachtenswerth ist, so hat sie ihre erhöhte Bedeutung in der Lage, worin sich Ungarn den nicht-ungarischen Ländern gegenüber befindet. Es gibt wenig Menschen, die bös sind aus reiner Freude am Bösen, und so gibt es wenig politische Parteien, die sich aus bloßer Lust am Opponiren gegen die Regierung stemmen. Von den überspannten und hochfahrenden Brauseköpfen kann hier überall nicht die Rede sein. Allein wenn wir wahrnehmen, wie selbst ruhige, einsichtsvolle, billig denkende Magyaren sich heute noch an die Principien von 1848 klammern, deren für ihr eigenes Land unheilvolle Entfaltung sie doch sicher weit entfernt sind zu übersehen oder zu verkennen: so wird denn doch der Grund einer so auffallenden Erscheinung in einem besonders nöthigenden Motive zu suchen und dieses Motiv einzig darin zu finden sein, daß es den Magyaren um die Erhaltung von Gütern zu thun ist, die ihnen über Alles werth sind, für die sie aber, wenn sie heute nach Wien und in die westlichen Länder der Monarchie blicken, keinen Schutz und kein Heil als in der hartnäckigen Vertheidigung des in jeder anderen Beziehung von ihnen selbst verurtheilten Programms von 1848 erblicken. Diese Scheu, dieses Mistrauen muß es darum vor allem gelten zu besiegen, nicht durch Redensarten, sondern durch Thatsachen. Wir können von der Einleitung von Unterhandlungen mit Ungarn erst dann günstige Erfolge hoffen, wenn Ungarn keinen Grund mehr hat, gegenüber der Wiener Centralregierung in jener abwehrenden Stellung zu verharren, von der bisher alle seine Schritte eingegeben waren. Die bloße Entfaltung constitutioneller Formen und Weisen, besonders wenn es damit an allen Enden noch so wenig klappt, wie bei uns, macht das Ding noch lange nicht, Ungarn gegenüber, wie es scheint, am allerwenigsten aus. Es muß ein stärkerer, positiver Magnet sein, der es aus seiner defensiven Stellung herauslockt und zu uns herüberzieht.

Wir haben vor nicht langer Zeit den Satz aussprechen hören, daß „Ungarn selbst einem solchen gemeinschaftlichen Organe gegenüber, wie das Diplom es bietet, unüberwindliche Befürchtungen hegt." Welches sind unn diese Befürchtungen, und haben die Ungarn Grund, sich denselben hinzugeben? Die Ungarn befürchten Germanisation. Haben wir in der entgegengesetzten Richtung, in der Anerkennung und Wahrung der nichtdeutschen Nationalitäten schon so entschiedene Schritte gemacht, um diese Befürchtung als ungegründet schwinden zu machen? In der Proclamation des Staatsministers bei Antritt seines Amtes war darüber eine sehr schöne Phrase zu lesen; allein die jüngsten ministeriellen Beantwortungen der Interpellationen Toman's und Ljubissa's haben der anderen Seite allerhand Stoff zum Nachdenken gegeben. Man hat in Ungarn Mistrauen, daß, wie es in der Denkschrift aus Sauerbrunn heißt, „das Interesse des Landes nicht dem Interesse einiger Wiener Actiengesellschaften und der Bureaukratie geopfert werde." Hat unsere Regierung die Worte, mit denen sie in dem Artikel der Wiener Zeitung vom 27. Februar 1861 über die „Hypercentralisation" das Verdict sprach, bereits zur That werden lassen? Hat sie den Willen, zu einer administrativen Decentralisation den Weg anzubahnen, durch irgend welche Maßregeln im Großen bekundet? Ungarn hegt Besorgniß vor der jedes politische Leben in den Königreichen und Ländern aufsaugenden, alle historischen und nationalen Eigenthümlichkeiten erdrückenden, die gegründetsten

Einsprachen von anderer Seite majorisirenden Gewaltherr=
schaft des Wiener Reichsrathes. Hat sich unser landtägliches
Leben bereits derart entfaltet, um diese Besorgniß zu zer=
streuen? Unsere Landtage haben im abgelaufenen Jahre kaum
vierzehn Tage und eigentlich bloß darum getagt, um die Wah=
len für den Reichsrath zu bewerkstelligen, und ehe die Zusam=
mentretung des letzteren ihr Ende erreicht haben wird, dürften
zwei von den sechs Jahren der ersten Session der Landtage
verstrichen sein, ohne daß denselben auch nur die Möglich=
keit gegönnt war, irgend eine selbständige Thätigkeit hinsicht=
lich der Landesangelegenheiten zu entwickeln.

Also gestehen wir es uns nur: wir selbst sind zu
einer Verständigung mit Ungarn noch gar nicht gerüstet, da=
fern wir nicht Gefahr laufen wollen, dabei den kürzeren zu
ziehen oder eine traurige Rolle zu spielen. Wir haben für's
erste bei uns zu Hause aufzuräumen und damit vor der
Hand vollauf zu thun. Wenn sich bei uns die verfassungs=
mäßige Freiheit immer fester begründen und ein reges poli=
tisches Leben entfalten wird; wenn man jenseits der Leitha
wahrnehmen wird, daß es uns mit den Landtagen und ihrer
praktischen Wirksamkeit Ernst ist; wenn den verschiedenen
Volksstämmen in Kirche und Schule, in Amt und vor Ge=
richt, alle, mit der Gemeinsamkeit unserer Interessen verträg=
liche Rücksicht gewahrt sein wird: dann wird auch in Un=
garn die Stimmung der Gemüther aus der defensiven Hal=
tung des Mistrauens, der Besorgniß, der Befürchtung schäd=
licher Einflüße in die active Erfassung der Vortheile um=
schlagen, die ihnen durch eine möglichst innige und ebenmä=
ßige Verbindung mit den westlichen Ländern der Monarchie
zugeführt werden. Dann werden die Hindernisse fallen, die
jetzt noch dem Durchbruch der Ueberzeugung im Wege stehen,
daß Ungarns einheitlicher politischer Bestand, die Nutzbar=
machung seiner überreichen materiellen und moralischen Kräfte
bedingt sind durch die Erhaltung und das Gedeihen des Ge=

sammtbestandes jener Länder, die, man mag in ihre Geschichte hineingreifen bei welchem Zeitpunkte man will, durch ihre geographische Lage, durch den Zug der natürlichen Verkehrsstraßen, durch den äußeren Druck der nachbarstaatlichen Verhältnisse von Anbeginn unbewußt und unwillkürlich nach einem gemeinsamen Mittelpunkte gravitirten, eine wirksame und dauernde Vereinigung anstrebten, ohne deren Gewinn keines von ihnen sein historisches Dasein und Wesen bewahrt haben würde.

Erst wenn bei uns, was wir früher angedeutet, geschehen oder doch im besten Gange der Entwicklung begriffen sein, und wenn jenseits der Leitha jene Ueberzeugung durchzuschlagen begonnen haben wird, erst dann wird der ersehnte Zeitpunkt einer aufrichtigen und dauernden Verständigung mit den Ungarn gekommen sein. Dann aber werden wir sie zu uns nicht erst einzuladen haben, sie werden von selbst kommen; wir werden sie nicht erst zu rufen brauchen, sie selbst werden nach uns rufen; eine Verständigung wird nicht erst künstlich anzubahnen und einzuleiten sein, sie wird sich selbst machen.

III.

Die verfassungsmäßigen Zustände, in denen wir uns gegenwärtig befinden, stellen selbst diesseits der Leitha wenn nicht die Mehrheit doch jedenfalls einen sehr großen Theil der Patrioten und Politiker in den verschiedenen Ländern keineswegs zufrieden. Man strebt vielfach aus denselben heraus in eine mehr zusagende Lage zu kommen und erschöpft sich in Vorschlägen, wie namentlich die brennende ungarische Frage zur raschen Lösung gebracht werden könnte. So erklärlich und achtenswerth dieses Streben ist, so ungerechtfertigt ist doch unseres Bedünkens jenes Misvergnügen und so vorzeitig sind alle bisher gemachten und ohne Zweifel noch künftighin auftauchenden Vorschläge. Wir befinden uns in einer Uebergangsperiode, deren Ablauf wohl überwacht und geregelt, aber nicht beschleunigt oder abgebrochen werden kann. Wir haben allerdings keine Zeit zu verlieren und das Motto, das wir unseren Erwägungen vorgesetzt haben, beweist wohl zur Genüge, daß wir unsertheils von dieser Ueberzeugung durchdrungen sind. Allein man verstehe uns recht: wir haben keine Zeit zu verlieren, um anzufangen; das Beendigen darf nicht überstürzt werden, denn es steht nicht in unserer Hand, es liegt außer unserer Berechnung. Wer dagegen die Politik des Abwartens etwa so verstehen wollte, man solle die Hände in den Schoß legen und die Lösung an sich herankommen lassen, mit dem könnten wir uns nicht einverstanden erklären, da wir im Gegentheile der Ansicht sind, daß wir unsere Hände gar fleißig zu regen ha=

*

ben und keinen Augenblick bei der Arbeit säumen dürfen.
Nur müssen wir uns sowohl des Zieles, auf das wir los=
steuern, als auch des Weges, den wir dahin wandeln
wollen, bewußt sein. Wir müssen uns die Gränzen vor Augen
halten, innerhalb deren wir uns bewegen dürfen. Wir müssen
vor allem über die Grundlage, auf der wir zu stehen, über
den Punkt von dem wir auszugehen haben, einig sein.

Welches diese Grundlage sei, wurde bereits aus Rück=
sichten der Klugheit, aus Gründen des Rechtes nachgewiesen
und das Losungswort „October und Februar" als jenes be=
zeichnet, zu dem uns unsere Loyalität als Unterthanen, unser
staatsbürgerliches Gewissen, die Grundsätze der Gesetzausle=
gung verbinden.

Diese Grundlage ist aber zugleich der Punkt, von dem
wir für die Weiterführung unseres Verfassungslebens aus=
zugehen haben. Denn das Februarpatent ist wohl einerseits
nicht als ein bloßes Provisorium, es ist aber ebensowenig
andererseits als ein starres unverrückbares Grundgesetz in
das Leben getreten, seine Bestimmungen sind bildungsfähig;
das Patent selbst spricht dies aus, indem es die Art und
Weise bezeichnet, wie Aenderungen daran vorgenommen und
zum Beschluße erhoben werden können. Jene, die einen
andern Zustand staatlicher Ordnung für den unseren Ver=
hältnissen entsprechenderen halten, brauchen keine illegalen
Wege zu wandeln, um Aenderungen in der bestehenden Ver=
fassung anzustreben, sie haben den legalen Weg vor sich, um
solche Aenderungen durchzusetzen. Was wir auch immer für
den Bestand, für das Heil und Gedeihen unseres Vaterlan=
des ersprießlich, nothwendig erachten mögen, wir können, wir
sollen, wir dürfen es anstreben nicht im Gegensatze
zu unserer gesetzlich bestehenden Verfassung, wir können, wir
sollen, wir dürfen es nur zu verwirklichen suchen auf der
Grundlage, innerhalb der Gränzen, unter den
Voraussetzungen unserer zu Recht bestehenden Verfassung.

Das Februarpatent in dem vom allerhöchsten
Gesetzgeber selbst ausgesprochenen Zusammen-
hange mit dem Octoberdiplom mit allen Aenderungen, Verbesserungen, Erweiterungen, zu
denen diese Grundgesetze selbst in verfassungs-
mäßiger Weise den Weg offen lassen, sei unser
entschiedenes, rückhaltloses, ehrliches Programm. Das ist
der Boden, auf dem wir uns alle, so verschieden auch unsere
Ansichten sein mögen, zurechtzufinden haben; das ist der
Punkt, von dem wir alle, soweit auch die Ziele, worauf viele
von uns lossteuern, von einander abziehen mögen, auszugehen haben. In unserer Verfassung stattlichem Hause sind
viele Wohnungen, wir haben alle darin Platz; draußen stehen
soll und darf keiner.

Wir müssen uns aber, sagten wir oben auch die Gränzen vor Augen halten, innerhalb deren wir uns bewegen
dürfen. Vorschläge, die sich über diese Marken hinaussetzen
zu können vermeinen, müssen wir schon aus diesem Grunde
als verfassungswidrig von uns weisen. Ein solcher Vorschlag ist in der letzten Zeit von einem Manne ausgegangen,
dessen hohen moralischen Muth wir in vorjährigem Sommer
mit verdienter Anerkennung zu preisen Gelegenheit hatten.
Der Vorschlag Anton Zichy's, denn dieser ist es von dem
wir sprechen, geht nämlich darauf hinaus, es solle gleichzei-
tig von dem engern Reichsrathe das Februarpatent, von dem
Pester Landtage der Inhalt der 1848er Gesetze einer Revision zum Zwecke gegenseitiger Ausgleichung und Verständigung im gesammtstaatlichen Interesse unterzogen werden.
Ganz abgesehen davon, daß dieser Vorschlag von der fixen
Idee jenes Achtundvierzigerthums ausgeht, das wir ein für
allemal nicht mehr als zu Recht bestehend annehmen können;
ganz abgesehen ferner von der Spitze, worauf es hinläuft,
ständisches Princip und Personalunion: so ist derselbe in
seinem einen Theile unpraktisch, in dem andern nicht ver-

faffungsgemäß; denn von jener Seite mangelt das velle, von dieser das posse. Die Mehrheit der ungarischen Nation ist in diesem Augenblicke noch bei weitem nicht in der Stimmung, von welcher der einzuberufende Landtag einen friedlichen und befriedigenden Ausgang zu erwarten hätte. Der engere Reichsrath aber ist nach dem Gesetze nur zur Austragung solcher „Gegenstände der Gesetzgebung" berufen, „welche allen Königreichen und Ländern mit Ausnahme der ungarischen Krone, gemeinsam sind" (Februar-Patent §. 11) und in Bezug auf welche „seit einer langen Reihe von Jahren eine gemeinsame Behandlung und Entscheidung stattgefunden hat" (Octoberdiplom III. Aliena 2) Das letztere Wahrzeichen paßt auf die Februarverfassung schon darum nicht, weil wir dieselbe nicht „seit einer langen Reihe von Jahren", sondern kaum ein und ein halbes Jahr besitzen; das erstere trifft aus dem Grunde nicht zu, weil die Februarverfassung eine nicht bloß den nichtungarischen, sondern auch den Ländern der ungarischen Krone gemeinsame Angelegenheit ist. Wir können folglich, solange die Ungarn nicht mit uns im Reichsrathe sitzen, an keine Revision der uns allen gemeinsamen Verfassung schreiten; wir wollten denn eine abermalige Octroirung anrufen, die den engen Reichsrath mit neuen Befugnissen bekleidet.

Was also können wir verfassungsmäßig thun, wenn wir einerseits die Hände nicht müßig in den Schoß legen sollen und sie andererseits doch nicht an den Gesammtbau unserer Verfassung legen dürfen? Welches soll das Ziel sein, auf das wir lossteuern, welcher der Weg, den wir dahinwandeln sollen, und deren wir uns, wie wir oben sagten, klar bewußt sein müssen?

Der Versuch, auf diese Fragen die passende Antwort zu finden, soll den Gegenstand unserer weitern Erwägung bilden.